Zeitansage

ZEITANSAGE
KRITISCHE ZEICHNUNGEN

Auseinandersetzung mit den
Themen des 20. Deutschen Evangelischen Kirchentages
„Umkehr zum Leben"

Herausgegeben von Herwig Guratzsch
im Auftrag der Wilhelm-Busch-Gesellschaft
Mitarbeit: Peter Kollmar, Dine Barta, Sonja Eisenheim, Monika Herlt
Gesamtherstellung: Carl Küster Druckerei GmbH Hannover
© 1983 Wilhelm-Busch-Gesellschaft e. V., Georgengarten, 3000 Hannover 1
ISBN 3-921752-20-5

Umschlagabbildung: Hans-Georg Rauch, Umwelt, 1983, Hannover, Wilhelm-Busch-Museum · Kat.-Nr. 41

„Das Land steht jämmerlich und verderbt;
der Erdboden nimmt ab und verdirbt"
(Jesaja 24,4)

Wer nach einer politische Grenzen überschreitenden, allen mehr oder weniger gemeinsamen Daseinsempfindung fragt, muß sie auf dunkler Anschauungsebene suchen. Die unterschwellige (und offene) Angst vor der Zukunft eint heute mehr Menschen als gestern die noch verbreiteten schönen Hoffnungen. Deshalb kann „Zeitansage" – diese Ausstellung mit einer Folge von 130 kritischen Grafiken zur Situation 1983/84 – keine Augenweide und schon gar nicht ein optimistisches Ereignis sein, sondern eher ein Horrorfilm mit vernichtenden Urteilen und Visionen. Zeitansage im Spiegelbild der Konsequenzen einer fortgeschrittenen Abkehr vom Leben und damit schärfste Konterkarierung von „Umkehr zum Leben", jener intensiven Mahnung des 20. Deutschen Evangelischen Kirchentages. Zeitansage – ein Dokument nichtchristlicher Kunst, in einen christlichen Gesamtzusammenhang gestellt, könnte als Salz für die den Kirchentag umspannenden Themen erkannt werden und sollte – gerade vor der Folie der Brandmarkung unserer Versäumnisse und Fehler, unserer Schwäche und Eigensucht – wünschenswerte Erneuerung des Denkens und Glaubens bewirken.

Die Theologen Dine Barta (Lüneburg), Bernhard Dammermann und Peter Kollmar (beide Hannover) ließen sich von solcher Sicht leiten, als sie aus den Sammlungen des Kunstmuseums mit Sammlung Sprengel (Hannover), des Herzog Anton Ulrich-Museums (Braunschweig) und des Wilhelm-Busch-Museums Hannover kritische Grafiken aussuchten. Ihre Kriterien waren inhaltlich orientiert, um in neun Abteilungen eine konzentrierte Zeitansage aus der Daseinsanalyse heraus zu entwerfen. Mit der Auswahl ist weder ein kunsthistorisches Qualitätsurteil über diese Bilder gesprochen, noch ist mit den 68 herangezogenen Künstlernamen eine bestimmte Wertskala vorgestellt. Einzig die jeweilige Aussagepotenz zählt, wobei die für die Reihenfolge bestimmenden charakteristischen Überlegungen verschiedentlich durch eine Kurzinterpretation ablesbar sind, um der entsprechenden Intention auch vom Wort her folgen zu können. Diese nicht dogmatisch angeordneten Begleittexte wollen nie adäquate Analysen sein und sie wollen nicht „gegen" die Bilder „anreden", sondern vorsichtig aufgreifen, was das Auge ohnehin schon wahrnimmt. Peter Kollmar und Dine Barta, die diese Kurzdikta lieferten, sähen lieber, der Betrachter verstünde aus der fortgeflochtenen Imagination selbst, was in ihr zusammengeschaut erscheint. – Kritische Grafiken sind schlagend wie Karikaturen und sie sind „oft deutlicher als ein kluger Leitartikel" (Dammermann). Ihre negativierende Tendenz, ihre ätzende Kraft und ihre gern gewählte aggressive Überzeichnung mögen hier und dort als Überdramatisierungen abgetan werden, doch holt sie in der Regel die Wirklichkeit ein und multipliziert noch jene Aspekte.

Die Ausstellung, die von verschiedenen kirchlichen Instituten übernommen wird, dankt ihr Zustandekommen zu allererst den genannten Theologen und deren Vermittlung durch Hans Werner Dannowski, den Stadtsuperintendenten von Hannover. Der traditionsreiche Dialog „Kunst und Kirche" – vor langen Zeiten einmal eine „monologische" schöpferische Einheit – erlebte in dieser Zusammenarbeit viel lebendige Aktualität; und es wurde unter Beweis gestellt – was bei der gegenseitigen Entfremdung im 20. Jahrhundert besonders wiegt –, daß die uralten (und nicht immer nur verheißungsvollen) Geschichten, vor allem aber Bilder, Gleichnisse und Allegorien der Bibel optische Empfänglichkeit, visuelle Reflexionsbereitschaft und Sensibilität erzeugen, die eine sich ergänzende Zusammenarbeit möglich machen. Zu danken ist der Photographin Jutta Görke (Hannover) und den erwähnten Leihgebern sowie den Mitarbeitern der Wilhelm-Busch-Gesellschaft.

Herwig Guratzsch

Peter Kollmar

Zeitansage

1. Titel

„Zeitansage" – genauer „Evangelische Zeitansage" – hat der ehemaligen Generalsekretär des Deutschen Evangelischen Kirchentages, Hans-Hermann Walz, die Funktion beschrieben, die der Kirchentag in Kirche und Gesellschaft erfüllt. Wobei „evangelisch" nicht etwa eine konfessionelle Eingrenzung auf die protestantische Kirche und Theologie meint, sondern den Standort benennt, von dem aus die Zeitansage erfolgt: das Evangelium. In den Losungen der Kirchentage verdichten sich die jeweils aktuellen Zeitansagen. „Umkehr zum Leben" heißt sie 1983. Die fünf Themen, in denen diese Losung entfaltet wird, sagen die kritischen Bereiche unserer Zeit an:

    Christus vertrauen
    Kirche erneuern
    Miteinander teilen
    Frieden stiften
    Schöpfung bewahren.

Diese fünf Themenbereiche sind Segmente, die zusammengesetzt eine Gesamtschau von erhoffter Wirklichkeit aus christlicher Sicht andeuten. Ihre positiven Formulierungen möchten Richtungen aufweisen, in denen die Wege für ein zukünftiges Leben gesucht werden müssen.

In den kritischen Zeichnungen, Grafiken und Karikaturen findet sich diese Beschreibung der Zeit wieder. Sie sind also ebenfalls „Zeitansagen": skeptische Beurteilung unserer Zeit, kritische Auseinandersetzung mit den Verhältnissen und Lebensbedingungen, subjekive Interpretation von Wirklichkeit, Suche nach Orientierung und Vergewisserung einer verfehlten Entwicklung. Es sind Zeitansagen von Künstlern, ausgedrückt in ihrem Medium und mit ihren Möglichkeiten. Es sind allerdings Zeitansagen aus einer Perspektive, die nicht unbedingt christlich zu nennen ist und deren Welt- und Menschenbild die unterschiedlichsten Aspekte enthält.

2. Konzeption

Die Entdeckung von Ähnlichkeiten und sogar Übereinstimmungen in der Beurteilung unserer Zeit und Lebenswirklichkeit zwischen Künstlern und Theologen hat die Konzeption dieser Ausstellung bestimmt. Sie greift diese Beurteilung und Beschreibung auf und orientiert sich in ihrer Präsentation an der Losung und ihrer Entfaltung in den fünf oben genannten Themenbereichen.

Eine thematische Konzeption wird oft als problematisch angesehen. Sie steht in der Gefahr, die Zeichnungen nur als Illustration der Themen zu betrachten. Damit würde sie aber der autonomen und eigenständigen Kunst nicht gerecht.

Wenn hier trotzdem der Versuch einer thematischen Konzeption gewagt wird, dann deshalb, weil die Blätter sich nicht auf die einfache Illustration bzw. Visualisierung der fünf vorgegebenen Themen reduzieren lassen.

Zwar korrespondieren sie in ihren Analysen mit den Themenbereichen der Kirchentagslosung, aber sie provozieren auch zur Auseinandersetzung mit ihren Aussagen. Sie sind Negativfolien, die die Berechtigung der Themenformulierungen deutlich machen, also mit anderen Worten die Aufzeichnung einer Wirklichkeit, die nach Auswegen sucht.

Dennoch muß man sich bei dieser Ausstellung klarmachen, daß Spannungen überbrückt werden müssen. Spannungen, die aus dem jeweiligen Selbstverständnis zu erklären sind. Zeichnungen und kritische Grafiken wollen aus sich selbst heraus aussagekräftig sein, sie bedürfen nicht einer ausführlichen Erklärung. Die Losung und ihre Entfaltung in den Themenbereichen bedarf nicht einer Visualisierung durch Kunst. Diese Spannung darzustellen ist reizvoll und wird in der Ausstellung spürbar sein. Sie verlangt aber gleichzeitig Konzessionen. Nicht alle Themenbereiche sind umfassend vertreten, und manche namhaften Grafiker wird man vermissen.

Es sind im wesentlichen Blätter aus den Beständen des Wilhelm-Busch-Museums Hannover, ergänzt durch Exponate des Kunstmuseums Hannover mit Sammlung Sprengel und des Herzog Anton Ulrich-Museums in Braunschweig, mit denen diese Ausstellung bestückt ist. Das erklärt zum Teil die Auswahl der Grafiker.

Zu den beiden Bereichen „Christus vertrauen" und „Kirche erneuern" finden sich in der Ausstellung nur einige Exponate. In den drei genannten Museen sind nur ganz wenige Grafiken vorhanden, die für diese Themen herangezogen werden können. Die Zufälligkeit des Sammlungsbestandes ist hierfür wohl aber keine ausreichend Erklärung. Diese Situation ist eher ein Indiz dafür, daß die Prioritäten bei Theologen und Künstlern unterschiedlich gesehen und gesetzt werden. Die Losung argumentiert theologisch und setzt die Prioritäten in Fragen des Glaubens und der Kirche. Legitimerweise. Denn die Verkündigung des Evangeliums von Jesus Christus ist der Auftrag der Kirche in der Welt. Also nicht nur ihr Selbstverständnis, auch ihre Existenz ist nur mit diesem Auftrag zu begründen. Diese Verkündigung in die jeweilige Wirklichkeit hinein führt immer neu zu einer Auseinandersetzung mit der Zeit, in der die Menschen leben, denen das Evangelium gepredigt wird.

Im Interesse der Menschen greifen Theologie und Verkündigung die gegenwärtigen brisanten Probleme auf. Sie bleiben aber nicht bei der Beschreibung der Wirklichkeit stehen, sondern von ihrem Verkündigungsinhalt her benennen sie positiv Möglichkeiten, in einer unerlösten, aber von Gott geliebten Welt zu leben: ausgehend von der Basis des Christseins „Christus vertrauen", über neues Leben in der Gemeinschaft der Gläubigen „Kirche erneuern" hin zum Leben im Alltag der Welt „Miteinander teilen", „Frieden stiften" und „Schöpfung bewahren". Sie wollen ermutigen zum Leben aus der Zusage Gottes heraus, die stärker ist als die empfundene Ohnmacht der Menschen.

Karikaturisten und kritische Zeichner sind keine Theologen, aber wache Chronisten, vielleicht Moralisten. Ihre Werke – die Karikaturen und die kritischen Zeichnungen – sind von ihrem Selbstverständnis und ihrer Einstufung her ein letzten Endes ohnmächtiges Medium, das wohl verunsichert, aufrüttelt, Verärgerung hervorruft und Anstöße gibt, aber kaum Veränderung bewirkt. Aber sie sind ein höchst sensibles Instrumentarium zum Festhalten der jeweiligen Wirklichkeit und ein Indikator für die als brennend empfundenen Zeitprobleme. Es ist deshalb kein Wunder, daß sich in den Zeichnungen der letzten Jahre vor allem die Darstellung und Auseinandersetzung mit der Umweltbelastung, mit Rüstung, Krieg, Gewalt, mit dem Hunger der armen Völker und – ganz aktuell – mit der Arbeitslosigkeit und der Ausländerfeindlichkeit findet.

Hierbei ist beeindruckend, daß zur Skizzierung unserer gegenwärtigen Wirklichkeit mit den Fragen, die uns heute bedrängen und die aktuell diskutiert werden, Blätter herangezogen wurden, die zum Teil aus weit zurückliegenden Jahren stammen. Daran zeigt sich, daß die Probleme, die erst jetzt einer breiten Öffentlichkeit bewußt werden, bereits früher existierten und in ihrer bedrohlichen Entwicklung prophetisch „vorgezeichnet" wurden.

Die unterschiedliche Prioritätensetzung und Motivation von Theologen und Künstlern, sich mit der Wirklichkeit auseinanderzusetzen, mag auch dazu anregen, über die Entfernung, vielleicht sogar Entfremdung von Kirche und moderner Kunst nachzudenken und gleichzeitig ermutigen, Ansätze zu einem neuen positiven Verhältnis zu suchen.

3. Aufbau

Der Katalog spiegelt die Konzeption der Ausstellung wider. Der Leser soll nachvollziehen können, warum „Umkehr zum Leben" 1983 eine aktuelle Zeitansage ist und in welchen konkreten Bereichen eine Abkehr von lebensbedrohenden Entwicklungen und Verhältnissen erfolgen muß.

Die Ausstellung präsentiert sich in neun Abteilungen. Die einzelnen Bereiche sind überschrieben:

     I.   Angstträume
     II.   Endzeit
     III.   Aus-Wege
     IV.   Umkehr zum Leben
     V.   Schöpfung bewahren
     VI.   Frieden stiften
     VII. Miteinander teilen
     VIII. Kirche erneuern
     IX.   Christus vertrauen

Die ersten drei Gruppen sind als Einstimmung und Hinführung zu verstehen. Sie wollen weitverbreitete Empfindungen und Reaktionen auf die augenblickliche Zeit und Wirklichkeit aufnehmen. Die Bilder spiegeln die Angst vor der Zukunft, eine no-future-Mentalität wider, voller Pessimismus, Hoffnungslosigkeit und Resignation.

Der Einstieg geschieht also mit emotionalen, irrationalen, surrealen Bildern, die die Stimmung unserer Zeit wiedergeben und deutlich machen, daß die Gegenwart von Krise und Umbruch geprägt ist.

Auch die Kirchentagslosung „Umkehr zum Leben" (Abteilung IV.) geht davon aus, daß wir in einer Zeit des Umbruchs leben, daß ein Weiterleben so nicht möglich ist.

In den Abteilungen V. – IX. vermitteln die Exponate das Bild unserer Wirklichkeit und zeichnen sie verdichtet auf. Sie führen die großen Zusammenhänge und Abhängigkeiten, die im Alltag oft übersehen werden, klar vor Augen und machen sehr konkret und in erschreckender Weise deutlich, in welche Richtung sich unsere Welt bewegt, wie weit sie schon von Zerstörung und Selbstvernichtung bedroht ist.

Dieses erklärte Anliegen der kritischen Grafik und Karikatur, die Wirklichkeit schonungslos aufzudecken, ist bei der Gestaltung der Ausstellung aufgegriffen und ernstgenommen. Schon durch die Anzahl der Blätter in den Bereichen V. – VII. wird unterstrichen, daß hier ein Schwerpunkt liegt.

Bei einer Ausstellung aus Anlaß des Kirchentages ist es naheliegend, auf die vorgegebenen Themenbereiche der Losung zurückzugreifen, sie zum Grundmuster einer Konzeption zu machen und die kritischen Grafiken auf sie zu beziehen.

Die Themenbereiche der Kirchentagslosung werden bewußt in umgekehrter Reihenfolge aufgeführt. Dies geschieht nicht nur, um dem Ansatz und dem Blickwinkel der

Künstler gerecht zu werden, sondern um in dieser Ausstellung einen Spannungsbogen aufzubauen von „Angstträume" bis zu „Christus vertrauen". Christen können die Ängste, die Sorgen, die Wirklichkeit aushalten, weil sie im Vertrauen auf Christus Trost und Halt finden. Nachfolge des Jesus Christus bedeutet nun aber nicht Weltflucht, sondern wie ihr Herr sind die Christen an die Welt gewiesen, sind beauftragt, gerade in die dunkelsten Winkel der Welt zu sehen und sie ans Licht zu bringen. Wenn sie von Theologen konzipiert ist, kann eine Ausstellung mit dem Titel „Zeitansage" also nicht weltfremd sein, sondern muß die reale, auch die erschreckende und angstmachende Wirklichkeit aufzeigen.

Hier entsprechen die Interessen der Theologen denen der Künstler. Die Spannung und die Dialektik, die nicht blockieren, sondern zur Auseinandersetzung und Beschäftigung einladen soll, besteht zwischen den Bildern und den Überschriften. Die Bilder geben die Wirklichkeit wider, klagen Zustände an, belegen die Notwendigkeit einer Veränderung. Die Überschriften weisen Möglichkeiten auf, beschreiben Wege und Richtungen einer Umkehr. Im Katalog ist jeder Themenkomplex mit einem kurzen Text eingeleitet, der den Standort bestimmt und eine Orientierung durch die Abteilung ermöglicht.

(unter Mitarbeit von Dine Barta)

Hinweise zum Katalog:

Der Katalog bildet alle in der Ausstellung gezeigten Exponate ab. Nach der Nennung des Künstlers wird jeweils in Klammern sein Geburtsjahr und – sofern es sich um einen Geburtsort im Ausland handelt – das Land angegeben. Bei den technischen Angaben steht Höhe vor Breite; bei Radierungen und Lithographien sind die Platten- bzw. Innenmaße genannt.

KATALOG

I. Angstträume

Die beobachteten Fehlentwicklungen und die negativen Analysen der gegenwärtigen Wirklichkeit lösen Ängste aus. Den umittelbaren Ausdruck erfahren diese Ängste in den Träumen. Hier sind die täglich erprobten und praktizierten Mechanismen der Verdrängung und Verharmlosung außer Kraft gesetzt. Das Unbewußte projiziert die aufbrechenden Urängste in das Bewußtsein. Zu diesen Urängsten des Menschen gehört das Gefühl, hilflos und ausgeliefert zu sein und als Persönlichkeit mißachtet und zerstört zu werden.

1
A. Paul Weber (1893–1980): Auf letzter Sprosse
Lithographie, 505 x 413 mm
Hannover, Wilhelm-Busch-Museum

Angstträume

2
Hans Arnold (1925, Schweden):
Der Weg in die Freiheit
Feder und Pinsel, 500 x 624 mm
Hannover, Wilhelm-Busch-Museum

Weder Schiff noch Wasser
ermöglichen eine Zuflucht oder einen Ausweg.

3
Hans-Georg Rauch (1939): Das Prinzip Hoffnung
Feder, 422 x 467 mm
Hannover, Wilhelm-Busch-Museum

Für die Ewigkeit aus Stein gebaut, reich verziert,
aber eine absurde Konstruktion: ein Schiff aus Stein,
die Arche unserer Zeit.

4
Karl F. E. Weisgerber (1927):
Die Brücken sind abgebrochen
Feder und Pinsel, 430 x 525 mm
Hannover, Wilhelm-Busch-Museum

Der Abgrund ist unüberwindlich geworden,
die Hoffnung auf Verbindung und Verständigung
endgültig zerstört.

Angstträume

5
Walter Schnackenberg (1881 – 1961):
Die Spinne, 1949
Feder, Aquarell, 492 x 345 mm
Hannover, Wilhelm-Busch-Museum

Über die anonymen Schluchten der
Städte und Häuser spinnt sich ein Netz von Drähten.

6
Hubertus von Pilgrim (1931): Gefesselte, 1975
Lithographie, Exemplar 8/15, 385 x 640 mm
Braunschweig, Herzog Anton Ulrich-Museum

Drähte und Fäden, die die Menschen fesseln
und ihnen ihre Bewegungsfreiheit nehmen.

15

Angstträume

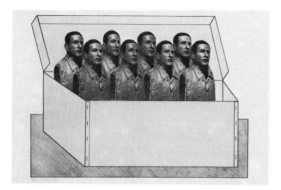

7

Sigfried Neuenhausen (1931):
Acht mal Selbstproträt, 1968
Farbsiebdruck (Probe), 455 x 630 mm
Braunschweig, Herzog Anton Ulrich-Museum

Die Individualität ist aufgehoben, die Person ist austauschbar geworden, verpackt in einem Karton: der Mensch als Massenware.

8

Beate Hübner (1944): Kassandra oder
die verworrenen Träume der Wahrheit, 1975
Feder, 460 x 490 mm
Hannover, Wilhelm-Busch-Museum

Kassandra = Unglücksbotin:
Trojanische Königstochter, die als Seherin den drohenden Untergang Trojas im Kampf gegen die Griechen voraussagte.

Angstträume

9

Sigfried Neuenhausen:
Nichts gesehen, nichts gehört, nichts getan, 1972
Farbsiebdruck (Probe), 585 x 405 mm
Braunschweig, Herzog Anton Ulrich-Museum

Bewußt die Einsamkeit suchen, um die Augen
vor der Wahrheit verschließen zu können –
oder aber: Sich ausgeschlossen sehen,
isoliert von der Gemeinschaft sein.

10

Walter Wellenstein (1898 – 1970):
Schaustellung, 1958
Feder, 485 x 600 mm
Hannover, Wilhelm-Busch-Museum

Gequält und geschunden,
zum Gespött und Schauobjekt
einer hämischen Menge geworden.

Angstträume

11
Sigfried Neuenhausen (1931):
Schatten hinter Herrn K., 1975
Bleistift auf Folie, 281 x 360 mm
Braunschweig, Herzog Anton Ulrich-Museum

Jemanden im Nacken spüren,
von einem Übermächtigen verfolgt
und dirigiert werden.

12
Käte Ledig-Schön (1926): Der verfolgte Mensch
im Wortdickicht unserer Zeit, 1974
Offsetdruck, Exemplar 24/60, 620 x 440 mm
Hannover, Kunstmuseum mit Sammlung Sprengel

Wie weit muß man laufen,
um entkommen zu können?

13

Wolfgang Petrick (1935): Versuchsanordnung, 1974
Farbradierung, Aquatinta und Kaltnadel
Exemplar 15/100, Platte 645 x 495 mm
Braunschweig, Herzog Anton Ulrich-Museum

Zu Kat. 13 – 15: Die Horrorvision vom
wissenschaftlichen Experimentieren mit dem
Menschen: der Körper ein medizinisches
Ersatzteillager, Denken und Sehen vorprogrammiert
und ferngesteuert, Auflehnung und Widerstand
unterdrückt, die Persönlichkeit zertrümmert.

14

Volker Buschik:
Auf der Suche nach der Welt von morgen, 1976
Farblithographie, Exemplar 9/75, 363 x 507 mm
Hannover, Kunstmuseum mit Sammlung Sprengel

Angstträume

15
Detlef Kappeler:
Störungen werden im Keim erstickt, 1974
Radierung mit Aquatinta, Platte 450 x 640 mm
Hannover, Kunstmuseum mit Sammlung Sprengel

II. Endzeit

Die Angstträume korrespondieren mit Visionen, die den Untergang oder die Endzeit ankündigen und widerspiegeln. Gerade hier tauchen Motive aus der biblischen oder christlich-abendländischen Tradition auf: Vertreibung aus dem Paradies, Sintflut, das schreckliche Tier der Offenbarung, die vier apokalyptischen Reiter, der Totentanz.

16
Janusz Wiśniewski (1949):
Vertreibung aus dem Paradies
Feder, 710 x 545 mm
Hannover, Wilhelm-Busch-Museum

Die letzte Aufführung
auf der Bühne des Welttheaters ist inszeniert.

Endzeit

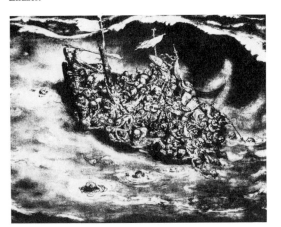

17

A. Paul Weber (1893 – 1980): Seid nett zueinander
Lithographie, 455 x 568 mm
Hannover, Wilhelm-Busch-Museum

Zu Kat. 17 und 18:
Das überfüllte und unmanövrierbare Schiff bietet keine Rettung und wird mit allen Menschen in der Sintflut untergehen. Manche zerreden noch ihre letzte Überlebenschance im vollgelaufenen Rettungsboot.

18

A. Paul Weber: Die Diskussion
Lithographie, 428 x 540 mm
Hannover, Kunstmuseum mit Sammlung Sprengel

19

A. Paul Weber: Die sieben mageren Jahre
Lithographie, 475 x 636 mm
Hannover, Wilhelm-Busch-Museum

Ein ägyptischer Pharao träumt:
Nach sieben fetten Kühen kommen sieben häßliche und magere. Josef deutet ihm diesen Traum: Auf eine Zeit des Wachstums und Wohlstands folgt eine Zeit der Entsagung und Einschränkung.

Endzeit

20
Walter Schnackenberg (1881 – 1961):
Da waren einmal Menschen, 1958
Feder, Aquarell, 485 x 358 mm
Hannover, Wilhelm-Busch-Museum

„Dem schrecklichen Tier
wurde Macht gegeben über Stämme, Völker,
Sprachen und Nationen" (Offenbarung 13,7).

21
A. Paul Weber:
Die apokalyptischen Reiter
Lithographie, 551 x 705 mm
Hannover, Wilhelm-Busch-Museum

Zu Kat. 21 – 23:
Teufel, Krieg, Ungerechtigkeit und Tod
beherrschen die Zeit.

Endzeit

22
Walter Schnackenberg (1881 – 1961): Wohin?, 1957
Feder, Aquarell, 385 x 355 mm
Hannover, Wilhelm-Busch-Museum
Farbabbildung S. 96

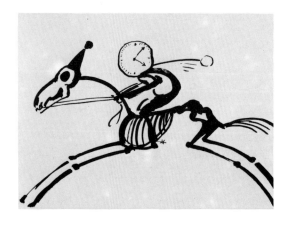

23
Tomi Ungerer (1931, Elsaß): Der Tod als Pferd, 1968
Pinsel, Tusche, Aquarell, 210 x 297 mm
Hannover, Wilhelm-Busch-Museum

Endzeit

24
Willi Collberg: Marionette
Holzschnitt, 685 x 485 mm
Braunschweig, Herzog Anton Ulrich-Museum

Zu Kat. 24 – 28: Totentanz: Dieses Motiv ist im
Mittelalter unter dem Eindruck des Massensterbens
durch Seuchen entstanden.
Es ist ein Versuch,
den allgegenwärtigen Tod zu bannen.
Lebende, Sterbende und Tote
tanzen gemeinsam miteinander.
Aber wer sich mit dem Tod einläßt,
tanzt nach seiner Pfeife.

25
A. Paul Weber (1893 – 1980):
Sie wissen nicht, was sie tun, 1964
Lithographie, 508 x 444 mm
Hannover, Wilhelm-Busch-Museum

Endzeit

26
Horst Janssen (1929):
Aus feuchter Erde bricht Fortpflanzungspflicht, 1982
Bleistift auf Farbstift, 350 x 345 mm
Hamburg, Privatbesitz
Farbabbildung S. 98

27
Alfred Kubin (1877 – 1959):
Der Tod entführt ein junges Weib, 1931
Feder, aquarelliert,
auf gelbem Büttenpapier, 398 x 318 mm
Braunschweig, Herzog Anton Ulrich-Museum

28
Walter Schnackenberg (1881 – 1961):
Das Satellitengespenst, 1957
Feder, Aquarell, 540 x 355 mm
Hannover, Wilhelm-Busch-Museum

Endzeit

III. Aus-Wege

Die Reaktionen auf Angstträume und Endzeitvisionen sind ambivalent. Der Mensch konstatiert entweder das „Aus" und findet sich mit der Ausweglosigkeit ab, oder er stürzt sich in einen wilden und blinden Aktionismus. Wenn aber die Orientierung fehlt, gleicht dieser Aktionismus einem Tappen im Nebel oder einem sinnlosen, leeren Kreislauf. Ohne eine Ahnung von einem sinnvollen Weg oder einer erfolgversprechenden Richtung enden alle Versuche im Nichts.

29
Sigfried Neuenhausen (1931):
Er hat keine Arbeit, 1975
Radierung, Exemplar 44/100, Platte 377 x 279 mm
Hannover, Kunstmuseum mit Sammlung Sprengel

Aus-Wege

30
Jordan Pop-Iliev (1940, Jugoslawien):
Diplominhaber vor verschlossenen Türen
Feder, 300 x 296 mm
Hannover, Wilhelm-Busch-Museum

31
Walter Wellenstein (1898 – 1970): Die Treppe, 1950
Feder, 630 x 480 mm
Hannover, Wilhelm-Busch-Museum

Aus-Wege

32
Walter Schnackenberg (1881 – 1961):
Schlager vom blauen Meer, 1958
Feder, Aquarell, 488 x 358 mm
Hannover, Wilhelm-Busch-Museum

Verführer hoffen auf blindes Vertrauen und apathisches Sich-treiben-lassen.

33
Walter Schnackenberg: Die rasende Stadt, 1955
Feder, Aquarell, 388 x 358 mm
Hannover, Wilhelm-Busch-Museum

Blinder Aktionismus läuft sich im Kreise tot.

Aus-Wege

34

Hanns Erich Köhler (1905):
Sich weitertappen
Feder, 423 x 363 mm
Hannover, Wilhelm-Busch-Museum

35

A. Paul Weber (1893 – 1980): Am Scheideweg
Feder, 530 x 425 mm
Hannover, Wilhelm-Busch-Museum

Lieber sich unter dem Wegweiser häuslich einrichten,
als sich für eine Richtung entscheiden.

36
Thomas Bayrle (1937): Abschied, 1973
Tusche, 633 x 520 mm
Hannover, Kunstmuseum mit Sammlung Sprengel

Zu Kat. 36 und 37: Die vielen Züge stehen still,
weil die Schienen im Nichts enden.

Aus-Wege

37

János Nádasdy (1939, Ungarn):
Niemandsland, 1973/74
Farbsiebdruck, 470 x 620 mm
Hannover, Kunstmuseum mit Sammlung Sprengel
Farbabbildung S. 87

IV. Umkehr zum Leben

Radikal umdenken und konsequent umkehren, so weist die Losung des Kirchentages den Weg. Die eingefahrenen Gleise nicht weiter verfolgen, sondern zurückgehen, eine andere Weichenstellung wählen und einen neuen Weg in die Zukunft suchen. Diese sinnvollen Wege zurück ins Leben sind in den positiven Formulierungen der Themenbereiche genannt.

38
Wolfgang Heinrich (1944): Umkehr zum Leben
Plakat zum 20. Deutschen Evangelischen
Kirchentag 1983
Offsetdruck, 840 x 595 mm

V. Schöpfung bewahren

„Schöpfung bewahren" in einer Welt, die zum Spielball geworden ist, deren natürliche Reichtümer nur noch unter dem Kosten-Nutzen-Faktor gesehen werden und in der die Natur unter Abfall und Beton erstickt.
Durch diese zunehmende Zerstörung des Lebensraumes bleiben für Menschen und Tiere immer weniger Überlebensmöglichkeiten.

39
Marian Manček (1948, Jugoslawien): Ohne Titel
Mischtechnik, 300 x 420 mm
Hannover, Wilhelm-Busch-Museum
Farbabbildung S. 95

Schöpfung bewahren

40
Maurilio Minuzzi (1939, Italien): „Fall"-Obst, 1975
Farbradierung mit Aquatinta, Exemplar 92/200
Platte 495 x 395 mm
Hannover, Wilhelm-Busch-Museum

Als der Mensch im Paradies in den Apfel vom
„Baum der Erkenntnis" biß, verlor er seine Unschuld. –
Gefallene Schöpfung.

41
Hans-Georg Rauch (1939):
Umwelt, 1983 (Neufassung)
Mischtechnik, 412 x 475 mm
Hannover, Wilhelm-Busch-Museum
Umschlagabbildung

„Und Gott sprach: Meinen Bogen habe ich in die
Wolken gesetzt; der soll das Zeichen sein
des Bundes zwischen mir und der Erde"
(1. Mose 9,13).

Schöpfung bewahren

42
Hans Moser (1922, Schweiz):
„Nein, diesmal machen wir es ohne Menschen"
Feder, 312 x 262 mm
Hannover, Wilhelm-Busch-Museum

43
Harald Duwe (1926): Ein Platz an der Sonne, 1973
Offsetdruck, 820 x 605 mm
Braunschweig, Herzog Anton Ulrich-Museum

Schöpfung bewahren

44
A. Paul Weber (1893 – 1980): Die Schändung, 1972
Lithographie, 470 x 570 mm
Hannover, Wilhelm-Busch-Museum

45
János Nádasdy (1939, Ungarn): Wachstum, 1975
Farbsiebdruck, 600 x 800 mm
Hannover, Kunstmuseum mit Sammlung Sprengel

Über der Erde flackert die Flamme des Fortschritts.

46
Max Radler (1904): Der letzte Schrebergarten
Bleistift und Kohle, 330 x 235 mm
Hannover, Wilhelm-Busch-Museum

Zu Kat. 46 – 48: Bauwut verschlingt die Gärten, Beton zermalmt die alten Häuser – alles für die Stadt der Zukunft.

47
Hasse Erikson (1932, Schweden):
Operation Beton, 1968
Feder, 300 x 330 mm
Hannover, Wilhelm-Busch-Museum

Schöpfung bewahren

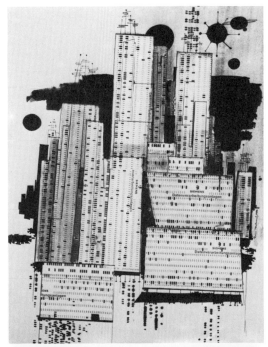

48
Rainer Hartmetz (1925 – 1981): „Citta 2000"
(aus der Serie „Die Zukunft hat schon begonnen", 1970)
Feder, laviert, 420 x 300 mm
Hannover, Wilhelm-Busch-Museum

49
Heinrich Waldmann (1908): Stadtflucht
Bleistift, 780 x 570 mm
Hannover, Wilhelm-Busch-Museum

50
Walter Schnackenberg (1881 – 1961):
Das vergessene Tier, 1951
Feder, Aquarell, 486 x 355 mm
Hannover, Wilhelm-Busch-Museum

Schöpfung bewahren

51
A. Paul Weber (1893 – 1980): Der Fortschritt, 1963
Lithographie, 370 x 527 mm
Hannover, Wilhelm-Busch-Museum

52
Klaus Staeck (1938):
Und der Haifisch, der hat Zähne
(aus der Mappe „40 politische Plakate", 1976)
Offsetdruck, 835 x 582 mm
Braunschweig, Herzog Anton Ulrich-Museum

Schöpfung bewahren

53

Ronald Searle (1920, Großbritannien):
Ruhrgebiet, 1963
Feder, Aquarell, 480 x 345 mm
Hannover, Wilhelm-Busch-Museum
Farbabbildung S. 88

Zu Kat. 53 und 54: Die Blume
ist die letzte Ahnung von Natur
in der Fabriklandschaft.
Jeder möchte sie für sich.

54

Christoph Gloor (1936, Schweiz): Frühling
Mischtechnik, 419 x 620 mm
Hannover, Wilhelm-Busch-Museum
Farbabbildung S. 89

55

János Nádasdy (1939, Ungarn):
Betreten verboten!, 1972
Farbsiebdruck, 625 x 500 mm
Hannover, Kunstmuseum mit Sammlung Sprengel
Farbabbildung S. 91

56

Wolf Barth (1926, Schweiz): Museum für Landschaft
Mischtechnik, 329 x 240 mm
Hannover, Wilhelm-Busch-Museum
Farbabbildung S. 90

57
René Fehr (1945, Schweiz): „SOS"
Mischtechnik, 335 x 500 mm
Hannover, Wilhelm-Busch-Museum

58

Ivan Steiger (1939,Tschechoslowakei):
Ohne Titel, 1971
Feder, 440 x 310 mm
Hannover, Wilhelm-Busch-Museum

59

Harald Duwe (1926, Hamburg):
Kind mit Delphin, 1973
Farblithographie, Exemplar 8/100, 520 x 395 mm
Braunschweig, Herzog Anton Ulrich-Museum

Zu Kat. 59 – 61:
Überlebenschancen haben nur noch Plastiktiere.

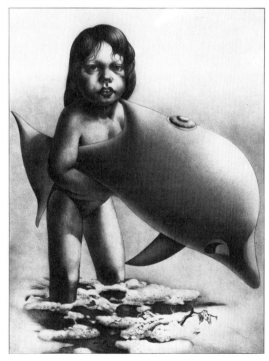

Schöpfung bewahren

60

Klaus Staeck (1938):
Aus deutschen Landen frisch auf den Tisch
(aus der Mappe „40 politische Plakate", 1976)
Offsetdruck, 835 x 582 mm
Braunschweig, Herzog Anton Ulrich-Museum

61

Ewert Karlsson (1918, Schweden): Milieu, 1968
Kunstdruck, 2/50, 625 x 425 mm
Hannover, Wilhelm-Busch-Museum

Schöpfung bewahren

62

Walter Wellenstein (1898 – 1970):
Sterbendes Pferd, 1958
Feder, 625 x 480 mm
Hannover, Wilhelm-Busch-Museum

63

Arnold Leissler (1939):
Landschaft mit Portionsrind, 1972
Farblithographie, Exemplar, 7/50, 510 x 635 mm
Hannover, Kunstmuseum mit Sammlung Sprengel

Im „Vordergrund" steht die Verwertbarkeit.

Schöpfung bewahren

64
H. Delfosse: Ohne Titel, 1975
Radierung, Exemplar 49/60, Platte, 555 x 417 mm
Hannover, Kunstmuseum mit Sammlung Sprengel

Zu Kat. 64 und 65:
Leben wird „abhängig" von Apparaten.

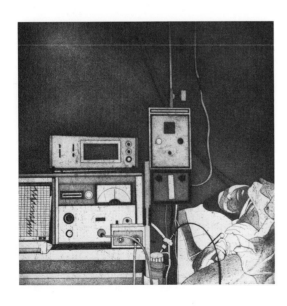

65
Munsky: Signale, 1974
Radierung mit Aquatinta, Exemplar 33/100
Platte 395 x 398 mm
Braunschweig, Herzog Anton Ulrich-Museum

Schöpfung bewahren

66

Åke Eriksson (1924, Schweden):
Der Mensch in der modernen Gesellschaft
Pinsel und Tusche, 266 x 220 mm
Hannover, Wilhelm-Busch-Museum

67

Walter Schnackenberg (1881 – 1961):
Atom-Irrsinn – Die Büchse der Pandora
Feder, Aquarell, 332 x 296 mm
Hannover, Wilhelm-Busch-Museum

Pandora: Frauengestalt aus der griechischen
Mythologie.
Aus ihrer Büchse quellen alle Übel
über die Menschen.

Schöpfung bewahren

68
Karol K. Martyn (1919 – 1978):
Die Munifabrik der Umweltverschmutzer oder ein
Teufel, der sich teuflisch erleichtert, – was nun?
…. This is the question!, 1975
Feder, 313 x 248 mm
Hannover, Wilhelm-Busch-Museum

VI. Frieden stiften

„Frieden stiften" in einer Welt, die von Sicherheitsdenken, Rüstungswahn und Tod gezeichnet ist, in der Menschen mit den alten Feindbildern leben, unter den Schrecken des Krieges leiden, den Qualen von Folter, Terror und Unterdrückung ausgeliefert sind und bis in die alltäglichen Erfahrungen hinein dem Recht des Stärkeren unterliegen.

69
Rainer Hartmetz (1925 – 1981): Die alte Leier, 1969
Feder, laviert, 420 x 300 mm
Hannover, Wilhelm-Busch-Museum

„Die Moritat vom bösen anderen"

Frieden stiften

70

Tomi Ungerer (1931, Elsaß): Panzer-Familie, 1979
Feder, 210 x 298 mm
Hannover, Wilhelm-Busch-Museum

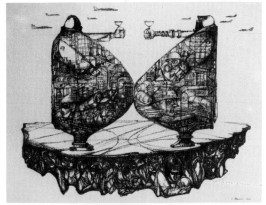

71

Lizzie Hosaeus: Schwierige Verständigung, 1971
Lithographie, 500 x 447 mm
Hannover, Wilhelm-Busch-Museum

72

Heinz G. Kanitz (1918): Der große Betrug
Kugelschreiber, Feder, 475 x 363 mm
Hannover, Wilhelm-Busch-Museum

Unter der Fahne „Brot und Frieden"
zieht der Krieg ein.

Frieden stiften

73
Paul Flora (1928, Österreich):
Militärische Anlage, 1960
Feder, 425 x 610 mm
Hannover, Wilhelm-Busch-Museum

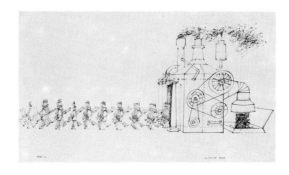

74
Hans Remppis (1937): Rüstung, 1977
Druck, 618 x 431 mm
Hannover, Wilhelm-Busch-Museum

75
Jean-Maurice Bosc (1924 – 1973):
Krüppel auf Parade
Feder, 230 x 320 mm
Hannover, Wilhelm-Busch-Museum

Frieden stiften

76
Walter Schnackenberg (1881 – 1961):
Das letzte Aufgebot, 1949
Feder, Aquarell, 450 x 350 mm
Hannover, Wilhelm-Busch-Museum

77
Otto Dix (1891 – 1969):
Zerfallender Kampfgraben, 1924
Radierung mit Aquatinta, Exemplar 10/70
Platte 262 x 197 mm
Braunschweig, Herzog Anton Ulrich-Museum

Frieden stiften

78
Otto Dix:
Nächtliche Begegnung mit einer Irrsinnigen, 1924
Radierung mit Aquatinta, Exemplar 26/70,
Platte 262 x 197 mm
Braunschweig, Herzog Anton Ulrich-Museum

79

Walter Schnackenberg: Himmler, 1944:
Bleistift, Aquarell, 450 x 347 mm
Hannover, Wilhelm-Busch-Museum

Die Arroganz der Diktatur hat keinen Blick
für die Angst.

Frieden stiften

80

Hanns Erich Köhler (1905):
Unsere Zeit: Politische Diskussion, 1968
Feder, laviert, 448 x 448 mm
Hannover, Wilhelm-Busch-Museum

81

Kurt Halbritter (1924 – 1978):
Ursprünglich hatten wir ja nur eine beratende
Funktion, 1965
Feder, 650 x 500 mm
Hannover, Wilhelm-Busch-Museum

82

Miodrag Stojanović (1936, Jugoslawien): Siegesfeier
Feder, 305 x 305 mm
Hannover, Wilhelm-Busch-Museum

Man fühlt sich „ausgezeichnet" nach der Schlacht.

Frieden stiften

83
Jovan Samardžić (1943, Jugoslawien):
Nicht sehen, nicht hören, nicht sprechen
Feder, laviert, 250 x 260 mm
Hannover, Wilhelm-Busch-Museum

84
Hans Remppis (1937): Der Weg zur Abrüstung ist
mit guten Vorsätzen gepflastert, 1977
Druck, 618 x 431 mm
Hannover, Wilhelm-Busch-Museum

59

Frieden stiften

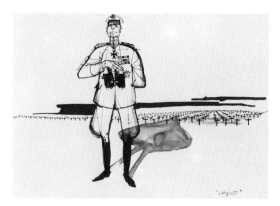

85

Rainer Hartmetz (1925 – 1981): „Layout", 1963
Feder, laviert, 250 x 360 mm
Hannover, Wilhelm-Busch-Museum

Ein Schatten fällt auf die Gräber.

86

Hans-Georg Rauch (1939):
Für eine bessere Zukunft
Druck, 317 x 470 mm
Hannover, Wilhelm-Busch-Museum

87

Ewert Karlsson (1918, Schweden): Milieu V.
Mischtechnik, 364 x 510 mm
Hannover, Wilhelm-Busch-Museum

Zu Kat. 87 und 88: Ausgerottet:
mit Haut und Haar – mit Stumpf und Stiel.

Frieden stiften

88
Wolfhard Tannhäuser (1951):
Nur ein klein wenig ... Napalm, 1971/72
Bleistift, je Blatt 315 x 440 mm
Hannover, Wilhelm-Busch-Museum

89
Hanns Erich Köhler (1905): Atomrüsten geht weiter
„Nee, nee, Kinders – Ihr seht, an den Menschen
braucht Ihr nicht zu verzweifeln", 1961
Feder, laviert, 421 x 363 mm
Hannover, Wilhelm-Busch-Museum

Frieden stiften

90

Wigg Siegl (1911): Unterirdisches Versuchsfeld
„Bei unserer Großmutter. Ich glaube, die bringen
uns noch das Beten bei!"
Feder, Aquarell, 365 x 318 mm
Hannover, Wilhelm-Busch-Museum
Farbabbildung S. 94

91

Reinhard Lange (1938): Savak Foltermethoden
(aus der Mappe „Für Amnesty International", 1974)
Farbradierung, Exemplar 7/100, Platte 400 x 490 mm
Braunschweig, Herzog Anton Ulrich-Museum

Zu Kat. 91 – 93: Krieg gegen den einzelnen:
Folter, Terror und Ausbeutung.

Frieden stiften

92
Sigfried Neuenhausen (1931):
Der deutsche Beitrag zur Biennale in São Pãulo, 1971
Siebdruck auf Pappe in Form eines Klappaltars,
750 x 50 (geschlossen), 750 x 100 (geöffnet)
Braunschweig, Herzog Anton Ulrich-Museum

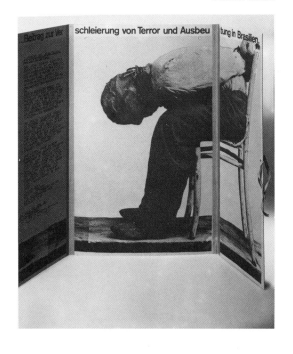

93
Peter Sorge (1937): With Love!, 1974
Radierung, Exemplar 67/150
Platte 198 x 398 mm
Hannover, Kunstmuseum mit Sammlung Sprengel

63

Frieden stiften

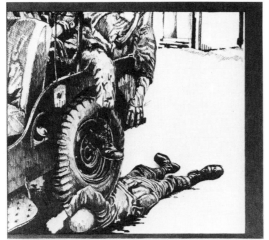

94

Peter Sorge (1937): Zitat III:
„Mit Krankenstühlen darf der Gehweg benutzt werden"
(aus: „Zitate zur Straßenverkehrsordnung", 1970)
Bleistift und roter Farbstift, 420 x 310 mm
Hannover, Wilhelm-Busch-Museum

Zu Kat. 94 und 95:
Überall werden täglich Menschen geopfert.

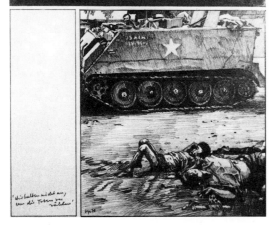

95

Peter Sorge: Zitat IX: „Jährlich eine Division"
(aus: „Zitate zur Straßenverkehrsordnung", 1970)
Bleistift und roter Farbstift, 420 x 310 mm
Hannover, Wilhelm-Busch-Museum

96

Heinz Knoke (1922): Tumult-Gewalt I, 1975
Lithographie, Exemplar 8/25, 637 x 838 mm
Hannover, Wilhelm-Busch-Museum

Zu Kat. 96 und 97: Die täglichen Vergewaltigungen.

97

Heinz Knoke: Tumult-Gewalt II, 1975
Lithographie, Exemplar 8/25, 637 x 838 mm
Hannover, Wilhelm-Busch-Museum

VII. Miteinander teilen

„Miteinander teilen" in einer Welt, die in reiche und arme Völker geteilt ist, in der die Hungrigen ihren Hunger und die Satten ihren Überfluß miteinander teilen; in einer Gesellschaft, in der Geld und Arbeit ungleich verteilt sind, in der man nur zu gern und vorschnell den ausländischen Mitbürgern die Schuld für die Arbeitslosigkeit zuschiebt.

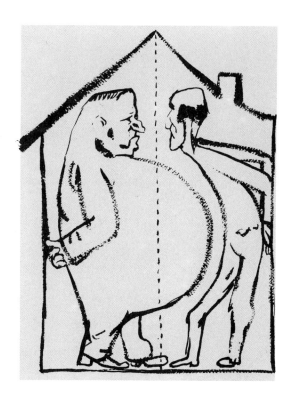

98
Henri Meyer-Brockmann (1912 – 1968):
Lebensraum, 1947
Pinsel und Tusche, 382 x 300 mm
Hannover, Wilhelm-Busch-Museum

Miteinander teilen

99

Klaus Staeck (1938): Das neue Pal
(aus der Mappe „40 politische Plakate", 1976)
Offsetdruck, 835 x 582 mm
Braunschweig, Herzog Anton Ulrich-Museum

Hunger durch Überfluß

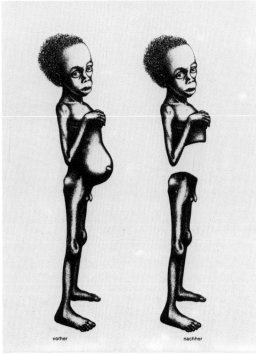

100

Friedel Deventer (1947): vorher − nachher, 1971
Serigraphie, 647 x 498 mm
Hannover, Wilhelm-Busch-Museum

„Vermeiden Sie qualvolle Hunger-Gewaltkuren.
Der SLIM-Taillenformer drückt Ihren Kugelbauch
oder Fettbauch wieder in die richtige Position:
In das Körperinnere, weil dort der richtige Platz ist.
So beseitigt der SLIM-Taillenformer den lästigen
Bauch sofort mühelos und verschafft Ihnen
eine ausgezeichnete Figur und erstklassige Haltung
Ungewöhnlich angenehm zu tragen!
Verblüffende Erfolge!
Achtung: Bauchumfang in Nabelhöhe angeben!"

Miteinander teilen

101

Helga Jahnke: Rekayi Tangwena und Leute seines
Stammes blicken über ihr enteignetes Land, 1974
Farbradierung, Exemplar 3/100, Platte 400 x 325 mm
Braunschweig, Herzog Anton Ulrich-Museum

102

Tomi Ungerer (1931, Elsaß):
„There is a hair in my soup!", 1977
Pinsel und Tusche, Aquarell, 400 x 300 mm
Hannover, Wilhelm-Busch-Museum

Die Satten finden immer ein Haar in der Suppe.

Miteinander teilen

103

Walter Schnackenberg (1881 – 1961):
Tafelfreuden, 1948
Feder, laviert, 396 x 297 mm
Hannover, Wilhelm-Busch-Museum

Auch der Hungertod stört nicht den Appetit.
Oder: Sie fressen sich zu Tode.

104

Ewert Karlsson (1918, Schweden): Mutter Erde, 1966
Serigraphie, Exemplar 21/100, 605 x 480 mm
Hannover, Wilhelm-Busch-Museum

Miteinander teilen

105

Hanns Erich Köhler (1905): Dickes Ende
Feder, 366 x 255 mm
Hannover, Wilhelm-Busch-Museum

106

Bengt Böckmann: Zappa-dwelling, 1975
Farblithographie, Exemplar 240/240
Platte 504 x 703 mm
Hannover, Kunstmuseum mit Sammlung Sprengel
Farbabbildung S. 92

Notunterkünfte für die unterste Kaste.

Miteinander teilen

107

Hartmut Friedrich (1935): Paul Murape ...
(aus der Mappe „Für Amnesty International", 1974)
Radierung, Exemplar 91/100, Platte 323 x 392 mm
Braunschweig, Herzog Anton Ulrich-Museum

Gefangen die einen und die anderen leben,
und sie leben nicht schlecht.

108

Malte Sartorius (1933): Figuren auf der Höhe, 1973
Farbsiebdruck, Exemplar 91/100, 898 x 498 mm
Hannover, Kunstmuseum mit Sammlung Sprengel

Sie proben den Widerstand.

109
Hanns Erich Köhler (1905): Am Arbeitsmarkt, 1959
Feder, laviert, 365 x 255 mm
Hannover, Wilhelm-Busch-Museum

Zu Kat. 109 – 112: Arbeiterschicksal:
erst umworben, dann verdrängt.

110
Hanns Erich Köhler: Fremdenverkehrswerbung
Feder, laviert, 365 x 252 mm
Hannover, Wilhelm-Busch-Museum

Miteinander teilen

111
Hanns Erich Köhler (1905):
„Unser neues Stellenangebot, Herr Direktor"
Feder, laviert, 355 x 254 mm
Hannover, Wilhelm-Busch-Museum

112
Hanns Erich Köhler:
Im Wunderland. „--- und nuu?"
Feder, laviert. 365 x 252 mm
Hannover, Wilhelm-Busch-Museum

Miteinander teilen

113
Hanns Erich Köhler: Sich an ihn gewöhnen …?, 1977
Feder, laviert, 365 x 414 mm
Hannover, Wilhelm-Busch-Museum

114
Hanns Erich Köhler:
Die Zukunft hat schon begonnen, 1978
Feder, laviert, 365 x 417 mm
Hannover, Wilhelm-Busch-Museum

Miteinander teilen

115
Hans Remppis (1937):
Gastarbeiter. „Konjunktur-Flaute", 1977
Druck, 618 x 431 mm
Hannover, Wilhelm-Busch-Museum

Zu Kat. 115 und 116: Arbeiter sind freigesetzt.
Gastarbeiter werden ausgestoßen:
Menschen zweiter Klasse.

116
Klaus Staeck (1938): Fremdarbeiter
(aus der Mappe „40 politische Plakate", 1976)
Offsetdruck, 835 x 582 mm
Braunschweig, Herzog Anton Ulrich-Museum

Miteinander teilen

117
Ted Scapa (1931, Niederlande):
Nüüt gäge d Italiäner – nüüt gäge d Belgier …
Aber d Usländer chani eifach nid verputze!"
Pinsel und Tusche, 304 x 219 mm
Hannover, Wilhelm-Busch-Museum

118
Ted Scapa:
„I der Usländerfrag sött me ganz consequänt blybe:
Usländer ohni Gält use – Usländer mit Gält ine!"
Feder, laviert, 346 x 250 mm
Hannover, Wilhelm-Busch-Museum

VIII. Kirche erneuern

„Kirche erneuern" in einer Welt, deren Gesetze und Spielregeln auch in der Kirche zu finden sind, Kirche in der Gefahr, sich in Selbsterhaltungseifer, im konfessionellen Kreisen um sich selbst und im Streben nach Macht und Einfluß zu verlieren.

119
Hans Remppis (1937): Glaubensinterpretation, 1977
Druck, 618 x 431 mm
Hannover, Wilhelm-Busch-Museum

Kirche erneuern

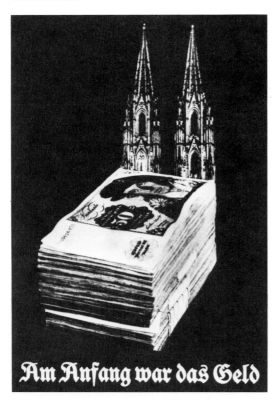

120

Klaus Staeck (1938): Am Anfang war das Geld, 1973
Siebdruck, Exemplar 135/150, 835 x 585 mm
Hannover, Kunstmuseum mit Sammlung Sprengel

Worauf ist die Kirche gebaut?
Im Anfang war das Wort (Joh. 1,1).

121

A. Paul Weber (1893 – 1980): Schwarz und Weiß
Lithographie, 541 x 466 mm
Hannover, Wilhelm-Busch-Museum

Die Frohe Botschaft einhämmern.

Kirche erneuern

122
A. Paul Weber: Schmutzige Stiefel
Lithographie, 543 x 475 mm
Hannover, Kunstmuseum mit Sammlung Sprengel

Der Diener des Staates und der Diener Gottes
lassen sich bedienen.

123
Fernando Puig Rosado (1931, Spanien): Arche Noah
Feder, 400 x 635 mm
Hannover, Wilhelm-Busch-Museum

Zu Kat. 123 und 124: Die Mächtigen, die Reichen
und die Gesunden finden Platz im „Kirchenschiff".

124
Miodrag Veličković (1944, Jugoslawien): Arche Noah
Mischtechnik, 275 x 395 mm
Hannover, Wilhelm-Busch-Museum
Farbabbildung S. 93

Kirche erneuern

125

Rainer Hartmetz (1925 – 1981): „Ex Cathedra", 1972
Feder, laviert, 420 x 295 mm
Hannover, Wilhelm-Busch-Museum

Der gekreuzigte Christus findet keinen Platz mehr, wenn die mächtige, prächtige Kirche segnend und strafend regiert.

IX. Christus vertrauen

„Christus vertrauen" in einer Welt, in der nach einer starken Autorität Ausschau gehalten wird, in der Macht, Reichtum und Ansehen gelten. Christus entzieht sich diesen Ansprüchen und wird deshalb verleugnet und gekreuzigt.

126
Hans-Jürgen Diehl (1940): Erscheinung, 1973
Farbradierung mit Aquatinta, Platte 649 x 491
Hannover, Kunstmuseum mit Sammlung Sprengel

Christus vertrauen

127
Hans-Georg Rauch (1939): Weihnachtsstimmung
Druck, 280 x 195 mm
Hannover, Wilhelm-Busch-Museum

Die Feierlichkeit anläßlich der Erscheinung Jesu in der Welt.

128
Hanns Erich Köhler (1905): Werbekummer
„Sehnse, im Gegenteil zu'n Weihnachtssymbolen bietet uns die christliche Religion bedauerlicherweise zu Ostern gar keine geeigneten Kaufappelle an"
Feder, 363 x 252 mm
Hannover, Wilhelm-Busch-Museum

Das Leiden und Sterben Jesu durchkreuzt alle Sympathiewerbung.

Christus vertrauen

129

Walter Schnackenberg (1881 – 1961):
Die Krone der Schöpfung, 1948
Feder, Aquarell, 395 x 300 mm
Hannover, Wilhelm-Busch-Museum
Farbabbildung S. 97

Jesus wird gegeißelt und verspottet als Sohn Gottes.
In ihrem Wahn, Gott gleich zu sein,
geißeln und verspotten sich die Menschen.

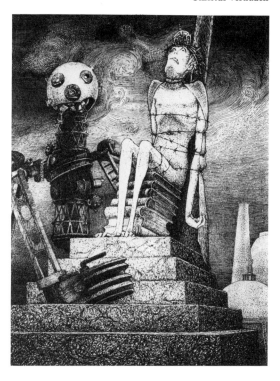

130

Hermut Geipel (1935): Im Zeichen des Kreuzes, 1969
Feder, 650 x 590 mm
Hannover, Wilhelm-Busch-Museum

In jeder Zeit neu gekreuzigt von dem Machthunger,
Egoismus und Haß der Menschen.

Die großen Dinge, die Jesus angekündigt hat, das neue Leben, die Herrschaft Gottes – das liegt nicht vollbracht hinter uns, das liegt vor uns.
Feierlich feiern können und dürfen wir erst, wenn es mit den Kreuzigungen zu Ende ist, wenn das Werk Jesu vollbracht sein wird.

János Nádasdy, Niemandsland, 1973/74, Hannover, Kunstmuseum mit Sammlung Sprengel · Kat.-Nr. 37

Ronald Searle, Ruhrgebiet, 1963, Hannover, Wilhelm-Busch-Museum · Kat.-Nr. 53

Christoph Gloor, Frühling, Hannover, Wilhelm-Busch-Museum · Kat.-Nr. 54

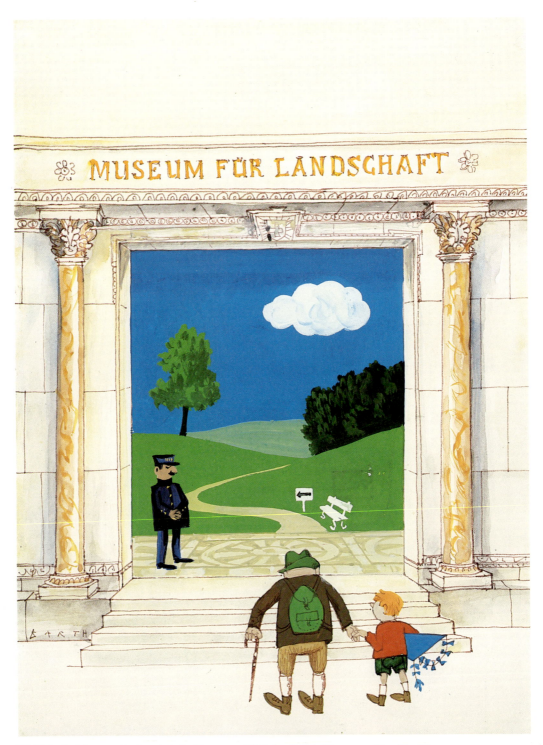

Wolf Barth, Museum für Landschaft, Hannover, Wilhelm-Busch-Museum · Kat.-Nr. 56

János Nádasdy, Betreten verboten!, 1972, Hannover, Kunstmuseum mit Sammlung Sprengel · Kat.-Nr. 55

Bengt Böckmann, Zappa-dwelling, 1975, Hannover, Kunstmuseum mit Sammlung Sprengel · Kat.-Nr. 106

Miodrag Veličković, Arche Noah, Hannover, Wilhelm-Busch-Museum · Kat.-Nr. 124

Wigg Siegl, Unterirdisches Versuchsfeld, Hannover, Wilhelm-Busch-Museum · Kat.-Nr. 90

Marian Manček, o. T., Hannover, Wilhelm-Busch-Museum · Kat.-Nr. 39

Walter Schnackenberg, Wohin?, 1957, Hannover, Wilhelm-Busch-Museum · Kat.-Nr. 22

Walter Schnackenberg, Die Krone der Schöpfung, 1948, Hannover, Wilhelm-Busch-Museum · Kat.-Nr. 129

Horst Janssen, Aus feuchter Erde bricht Fortpflanzungspflicht, Hamburg, Privatbesitz · Kat.-Nr. 26

Künstlerregister

Arnold, Hans: Kat. 2
Barth, Wolf: Kat. 56
Bayrle, Thomas: Kat. 36
Böckmann, Bengt: Kat. 106
Bosc, Jean-Maurice: Kat. 75
Buschik, Volker: Kat. 14
Collberg, Willi: Kat. 24
Delfosse, H.: Kat. 64
Deventer, Friedel: Kat. 100
Diehl, Hans-Jürgen: Kat. 126
Dix, Otto: Kat. 77 und 78
Duwe, Harald: Kat. 43 und 59
Eriksson, Åke: Kat. 66
Erikson, Hasse: Kat. 47
Fehr, René: Kat. 57
Flora, Paul: Kat. 73
Friedrich, Hartmut: Kat. 107
Geipel, Hermut: Kat. 130
Gloor, Christoph: Kat. 54
Halbritter, Kurt: Kat. 81
Hartmetz, Rainer: Kat. 48, 69, 85 und 125
Heinrich, Wolfgang: Kat. 38
Hosaeus, Lizzie: Kat. 71
Hübner, Beate: Kat. 8
Jahnke, Helga: Kat. 101
Janssen, Horst: Kat. 26
Kanitz, Heinz G.: Kat. 72
Kappeler, Detlef: Kat. 15
Karlsson, Ewert: Kat. 61, 87 und 104
Knoke, Heinz: Kat. 96 und 97
Köhler, Hanns Erich: Kat. 34, 80, 89, 105, 109 110, 111, 112, 113, 114 und 127
Kubin, Alfred: Kat. 27
Lange, Reinhard: Kat. 91
Ledig-Schön, Käte: Kat. 12
Leissler, Arnold: Kat. 63

Manček, Marian: Kat. 39
Martyn, Karol K.: Kat. 68
Meyer-Brockmann, Henri: Kat. 98
Minuzzi, Maurilio: Kat. 40
Moser, Hans: Kat. 42
Munsky: Kat. 65
Nádasdy, János: Kat. 37, 45 und 55
Neuenhausen, Sigfried: Kat. 7, 9, 11, 29 und 92
Petrick, Wolfgang: Kat. 13
Pilgrim, Hubertus von: Kat. 6
Pop-Iliev, Jordan: Kat. 30
Puig Rosado, Fernando: Kat. 123
Radler, Max: Kat. 46
Rauch, Hans-Georg: Kat. 3, 41, 86 und 128
Remppis, Hans: Kat. 74, 84, 115 und 119
Samardžić, Jovan: Kat. 83
Sartorius, Malte: Kat. 108
Scapa, Ted: Kat. 117 und 118
Schnackenberg, Walter: Kat. 5, 20, 22, 28, 32, 33, 50, 67, 76, 79, 103 und 129
Searle, Ronald: Kat. 53
Siegl, Wigg: Kat. 90
Sorge, Peter: Kat. 93, 94 und 95
Staeck, Klaus: Kat. 52, 60, 99, 116 und 120
Steiger, Ivan: Kat. 58
Stojanović, Miodrag: Kat. 82
Tannhäuser, Wolfhard: Kat. 88
Ungerer, Tomi: Kat. 23, 70 und 102
Veličković, Miodrag: Kat. 124
Waldmann, Heinrich: Kat. 49
Weber, A. Paul: Kat. 1, 17, 18, 19, 21, 25, 35, 44, 51, 121 und 122
Weisgerber, Karl F.E.: Kat. 4
Wellenstein, Walter: Kat. 10, 31 und 62
Wiśniewski, Janusz: Kat. 16

Inhalt

Vorwort	5
Peter Kollmar, Dine Barta · Zeitansage	7
Katalog	13
Angstträume	13
Endzeit	21
Aus-Wege	29
Umkehr zum Leben	35
Schöpfung bewahren	37
Frieden stiften	53
Miteinander teilen	67
Kirche erneuern	79
Christus vertrauen	83
Farbabbildungen	87
Künstlerregister	100